Julius,
der Superkleber

Text: Lotte Kinskofer | Illustrationen: Tine Schulz

Julius steht im Wohnzimmer vor dem Regal und verrenkt sich. Ein Bein streckt er nach hinten aus, einen Arm nach oben und den anderen zur Seite. Jetzt sieht er genauso aus wie die kleine weiße Figur im Regal. Mama hat sie von Tante Lore zum Geburtstag bekommen.

»Interessant...«, hatte Papa gesagt, als sie das Geschenk auspackten. Aber sehr begeistert hatte das nicht geklungen.

»Sie wollte mir eben eine Freude machen«, hatte Mama gemeint und Julius ermahnt: »Vorsicht, das ist Porzellan, das zerbricht sehr leicht.«

Julius sieht sich die Figur noch
einmal an, dann legt er den Kopf
in den Nacken, genau wie sie.
Da kommt sein Hund Coco herein
und springt an ihm hoch.
Julius schwankt, will sich am Regal
festhalten und stößt gegen die
kleine Figur, die auf den Boden fällt
und zerbricht.

Entsetzt starrt Julius auf den
Scherbenhaufen.
Der Körper der Figur ist fast ganz
geblieben, aber Arme, Beine, Kopf
und das Kleidchen ... alles kaputt.

Julius sammelt die Scherben ein und verzieht sich in
sein Zimmer. »Alles okay bei dir?«, ruft Papa aus der Küche.
»Jaha!«, antwortet er, obwohl das gar nicht stimmt.
Was für ein Glück, dass er so gut basteln kann. In der Kita
macht er immer tolle Sachen aus Moosgummi. Er wird die Figur
reparieren, und vielleicht merken Mama und Papa gar nichts.

Julius macht sich an die Arbeit. Gehört das Teil zum Bein oder
zum Arm? Manchmal kann man das nicht so genau erkennen.
Er überlegt, er prüft, er klebt … Das macht richtig Spaß, und
er merkt gar nicht, wie die Zeit vergeht. Sonst sind Sonntage oft
so langweilig, aber heute …

So, jetzt ist er fertig. Stolz betrachtet er
sein Werk. Oh Schreck! Die Figur sieht
ganz anders aus. Die Nase sitzt schief,
ein Bein steht noch seltsamer ab als zuvor,
ein Arm zeigt nach hinten.
Julius versucht, das zu korrigieren.
Aber der Superkleber hält. Er kann nichts
mehr daran ändern.

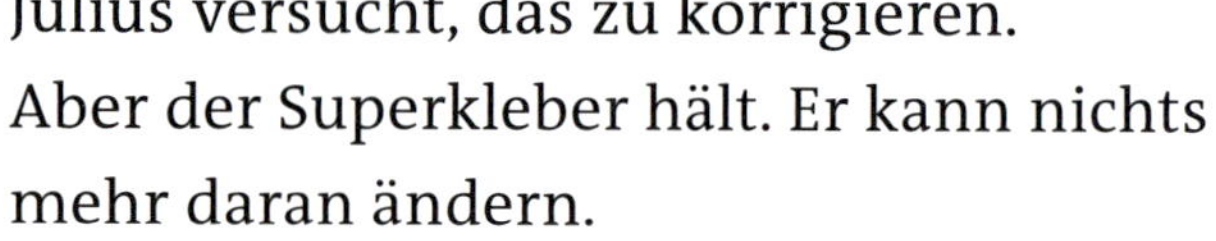

Da hört er den Schlüssel im Schloss. Mama
hat Tante Miriam vom Bahnhof abgeholt.
Schnell trägt er die Figur ins Wohnzimmer und
stellt sie zurück ins Regal. Gerade rechtzeitig,
bevor Mama und Miriam hereinkommen. Julius
setzt sich aufs Sofa, streichelt Coco und wartet ab.
Papa bringt den Kaffee, Mama schneidet den Kuchen
auf, Julius trinkt Kakao, Miriam setzt sich zu ihm.

Niemand merkt, dass die Figur ganz anders aussieht.
Glück gehabt, denkt Julius. Doch nach dem Kaffeetrinken
fällt Miriams Blick auf die Porzellanfigur.
»Das ist ja mal was Besonderes«, sagt sie.
»Nicht so kitschig wie sonst. Sieht fast so aus,
als wäre sie von Picasso. Der hat doch manchmal
so gemalt, ein Arm hier, ein Bein da …«

Mama betrachtet erst die Porzellanfigur,
dann Julius. Jetzt gibt es gleich Ärger, denkt der.
Aber Mama sagt nichts.
»Das ist wirklich etwas Besonderes«, sagt
stattdessen Papa. »Aber ich glaube, der Künstler
ist noch nicht ganz so berühmt wie Picasso.«
»Was nicht ist, kann ja noch werden«, meint Miriam
und nimmt sich ein zweites Stück Kuchen.

Papa sieht Mama
fragend an.
»Ja, so eine Figur hat
nicht jeder«, sagt Mama.
Dann müssen beide lachen.
Julius ist erleichtert
und auch ein bisschen stolz.

Künstler sein macht richtig Spaß.
Er sieht sich um, was er als nächstes
bearbeiten könnte.
Da, die Bodenvase! Dann aber bemerkt er
Mamas Blick. Den kennt er gut. Der bedeutet:
Denk nicht mal dran.

Dann zerleg ich eben noch ein Stück Kuchen, denkt Julius. Aber das setz ich nicht mehr zusammen!

Lotte Kinskofer, geboren in der Nähe von Regensburg, studierte Germanistik in München. Sie wollte einen Beruf, der mit Lesen und Schreiben zu tun hat. So wurde sie Journalistin, hatte aber bald Lust, eigene Geschichten zu erzählen. Es entstanden Texte zu Bilderbüchern, Kinderbüchern und Bücher für Jugendliche und Erwachsene. www.lotte-kinskofer.de

Tine Schulz ist in Anklam geboren und studierte Kommunikationsdesign und Medien in Wismar. Heute steht ihr Schreibtisch in Rostock. Wenn sie nicht gerade von Hund Tobi in die Ostsee gezerrt wird, zeichnet sie gerne orange Haare für »Wilma Wackelzahn« oder eine neue Familie für den einsamen Drachen aus »Zuhause gesucht«. www.tineschulz.com

DREI MAL EINS

Ei!

Welche drei zusammengesetzten Wörter verbergen sich hier?
Die Auflösung findest du auf Seite 50.

Flix Flunkerhase

Text: Ursel Scheffler | Illustrationen: Bettina Bexte

Es war einmal ein Hase,
der erfand die tollsten Geschichten.

Und immer, wenn jemand etwas erzählte,
dann wusste er eine Geschichte,
die noch ungewöhnlicher und noch
aufregender war.

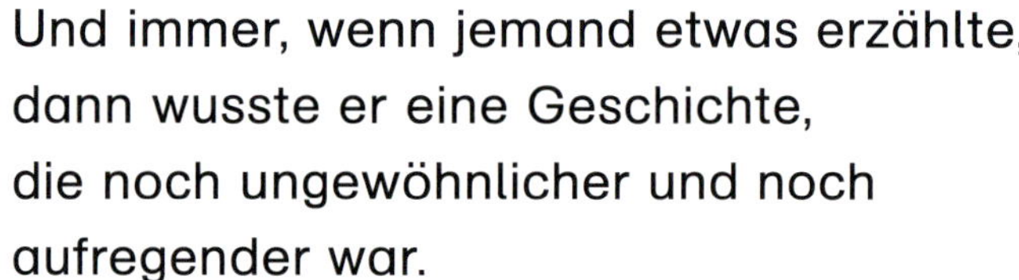

Dabei log er das Blaue
vom Himmel herunter.

Er log, dass sich einem Schwein
der Pelz sträubte und dass sich
jedem Hahn die Hörner bogen.

Man konnte Flix, den Flunkerhasen
schon von Weitem erkennen,
weil sein mittleres Ohr etwas länger war
als das rechte und das linke.

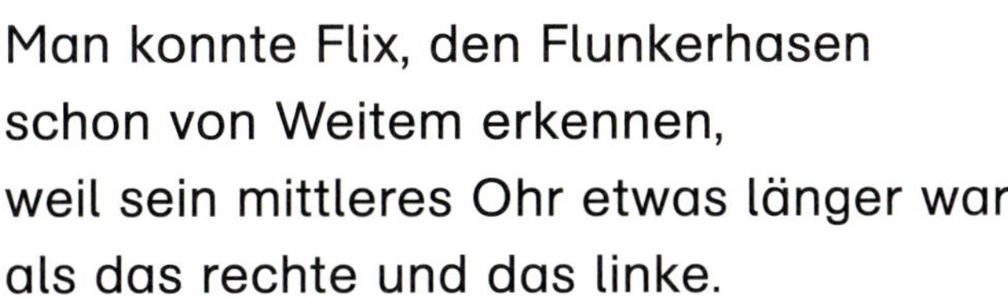

Auch wenn er davonlief, war er nicht
zu verwechseln: Er hatte einen hübschen
braun-weiß karierten Stummelschwanz.
Wenn er nachts auf seiner silbernen Holzflöte
spielte, dann fielen vor Schreck die Fische
von den Bäumen und die Vögel von den
Radieschensträuchern.

Flix züchtete in seinem Garten Möhren.
Die waren so groß, dass er sie mit einem
Bagger rausziehen musste.
Und das spätestens im April! Sonst wuchsen
sie nämlich so tief in die Erde hinein,
dass sie auf der anderen Seite der Welt
als Bergspitzen hervorbrachen.

Ich habe ihn kurz vor Ostern besucht,
da legte er gerade viereckige Ostereier.
739 Stück! Das war genau die Menge,
die in den Kofferraum des gelben
Helikopters passte, mit dem er kopfüber
zum Eier-Verstecken flog.

Er warf die Eier in grasgrüne Nester, die Kuckucks
und Kakadus freundlicherweise überall in der Welt
für ihn in Bäumen und Büschen gebaut hatten.
Wenn ich es nicht mit eigenen Ohren gesehen
hätte, wirklich, ich würde es nicht glauben!

Außerdem kann ich einfach nicht verstehen,
wie einer so schwindeln kann wie dieser
freche Flunkerflix.
Könntet Ihr das? Ich jedenfalls könnte das nie!

Ursel Scheffler glaubt Flunkerhasen und Schriftstellern jedes Wort!
Sie lebt seit dem letzten Jahrtausend in Hamburg, hat drei Kinder
und drei Enkelkinder und über 1000 Bücher in den Regalen.
400 hat sie selbst geschrieben. Das ist nicht geflunkert. Checkt einfach
unter: www.scheffler-web.de

Bettina Bexte zeichnet, seit sie denken kann. Früher mit Spinatfingern
auf Wände, später mit Stiften und Farben auf Papier.
Sie lebt in Bremen mit einem dicken, faulen Kater unter einem Dach.
Für den Gecko hat sie sich die Rubrik »Fremdwörter« ausgedacht.
www.bettina-bexte.de

Schlinkepütz wird Künstler

Text: Susan Kreller | Illustrationen: SaBine Büchner

Schlinkepütz hielt den Kopf schief
und kratzte sich klug am rechten Ohr.
Das gehörte sich so, wenn man in einer
Kunstausstellung war und vor einem berühmten
Bild stand.
Man musste den Kopf so schief wie den Turm
von Pisa halten und sich an mindestens einem
Ohr kratzen. Danach war es wichtig, die Augen
zu schließen und »so, so« zu sagen. Und »aha«.
Auf jeden Fall aber »hmmh«.
Das alles tat Schlinkepütz. Denn er stand vor
einem Bild, das »Der blaue Beißer« hieß.
So, so. Aha. Hmmh. Margherita versuchte,
es ihm nachzumachen, doch das war gar nicht
so leicht. Weil sie nicht wusste, wo genau
ihr Kopf endete, hielt sie die ganze Margherita
schief und kippte um. Sie tat aber so, als
hätte sie sich sowieso gerade hinlegen wollen.

Margherita's
FINEST
TOMATO
PAMPE
hmmh
DADA
HA?
Aha!
MONStA
Soso
MoNStA

Am Tag nach der Ausstellung, gleich nach dem neunten
Morgenkakao, wusste Schlinkepütz, dass er auch ein berühmtes
Bild malen wollte. Denn es war Sonntag, und Sonntage sind
langweilig und riechen nach Spaziergängen und übertrieben
geputzten Schuhen. Was konnte man also Besseres tun,
als Künstler zu werden?

Wer ein berühmtes Bild malen wollte, brauchte eine Mischpalette,
Pinsel, Farbe, Papier und einen gut sitzenden Kittel. Schlinkepütz
hatte – nichts davon. Wie jedes vernünftige Monster besaß er aber
Triangelstäbe und Indianerfedern, und aus denen baute er sich
drei Pinsel. Als Mischpalette diente ihm die Rückseite einer alten
Steinhaufenpizza, als Kittel ein Nachthemd seiner Oma.

Dann konnte es losgehen. Nun ja: fast. Schlinkepütz musste
nur noch ein paar Pizzakartons holen, auf denen er malen
konnte, und die Farben aus dem Kühlschrank nehmen: ein
sonniges Eigelb, feinsten Rahmspinat, Ketchup, Möhrenbrei,
Quark und etwas Kaviar.
Nur Blau fand er nicht.
Egal.
Schlinkepütz zog einfach
einen blauen Streifen
aus seiner Zahnpasta.

Bloß – was sollte Schlinkepütz malen? Sein Blick fiel auf das
Poster von Häuptling Apfelstrudel. Er würde seinen Lieblings-
häuptling malen! Leider hielt der Häuptling nicht still, denn
er mochte es nicht, porträtiert zu werden. Er mochte es so wenig,
dass er irgendwann die Augen weit aufriss, seine Hände gegen
den Kopf presste – und brüllte.

Nein, dachte Schlinkepütz. Das war kein gutes Bild geworden.

Also versuchte er es als nächstes mit einem Spielbrett. Spielbretter
halten meistens still und brüllen nur selten. Schlinkepütz naschte
noch etwas Rahmspinat und eine Pinselspitze Kaviar.
Dann fing er zu malen an, malte nach links, malte nach rechts.
Vor, zurück, zur Seite, ran. Aber als das Bild fertig war, sah es – ach! –
leider nur wie das Stofftaschentuch des Briefträgers aus.

Da klingelte es an der Tür. Draußen stand der Triangellehrer,
der Schlinkepütz eine geliehene Achtelnote zurückbrachte.
»Gemochter Monsterfreund und Triangellehrer!«, rief Schlinkepütz
begeistert. »Hereinspaziert und dageblieben! Ich muss dich dringend
malen. Es wird ein berühmtes Bild werden.«
Der Triangellehrer spazierte herein, blieb da, und Schlinkepütz
fing wieder an zu malen. Malte, aß Möhrenbrei, malte.

Aber als er fast fertig war, musste der Triangellehrer so kräftig niesen, dass Schlinkepütz' Bild durcheinandergeriet und nicht mehr zu gebrauchen war.

Der Triangellehrer war schon fort, und Schlinkepütz saß betrübt auf dem Sofa.
Er aß einen Pinsel voll Quarkweiß und zwei Pinselspitzen Zahnpastablau, dann
malte er lustlos sein Zimmer ab: Federn und Kastanien, zwei Grünpflanzen
und fünfeinhalb alte Schlipse. Er malte sogar die langweilige weiße Tapete,
und er wäre fast dabei eingeschlafen, wenn nicht auf einmal das Monster
Margherita in übertrieben geputzten Schuhen ins Zimmer gekommen wäre.
Der Triangellehrer musste die Tür aufgelassen haben.

»Margherita, gemochte Monsterfreundin und Lieblingspizza!«, rief
Schlinkepütz erschrocken. »Du bist mir ins Bild gelaufen!«
Und, nun, das war die reinste Wahrheit. Auf Schlinkepütz' Bild waren jetzt
nicht nur Federn und Kastanien zu sehen, nicht nur Grünpflanzen und
Schlipse, nicht nur die Tapete, sondern auch noch eine ganze Margherita
mit käsigen Flecken und einem sehr feinen Lächeln im Gesicht.

Schlinkepütz und Margherita fanden, dass es ein schönes Bild war.
Es sah fast ein bisschen berühmt aus. Sie standen davor, sagten
im Duett »so, so« und »aha« und »hmmh«, und als Margherita
den Kopf schief halten wollte, wäre sie beinahe gefallen.
Aber sie fiel nicht. Denn Schlinkepütz hielt sie fest.

Susan Kreller, Jahrgang 1977, lebt in Berlin. Sie schreibt Gedichte,
Erzählungen und Romane für Kinder, Jugendliche und Erwachsene.
Für ihren Jugendroman »Schneeriese« wurde sie 2015 mit dem
Deutschen Jugendliteraturpreis ausgezeichnet.

SaBine Büchner studierte dies und das ... zuletzt Animation an der
Filmuniversität Babelsberg KONRAD WOLF.
2006 erhielt sie das Troisdorf Bilderbuch-Stipendium und ist seitdem
als freie Illustratorin und Autorin für verschiedene Verlage tätig.
Mehr unter: www.sabinebuechner.de

Wer wissen möchte, welche Menschen-Künstler*innen
in den Bildern, Skulpturen und Krawattenmustern
zitiert wurden: www.gecko-kinderzeitschrift.de/neues/

Kleisterwerke

Mit der Rakeltechnik kannst du tolle Kunstwerke gestalten.
Du brauchst dazu Kleister, Acrylfarbe und etwas Malzubehör.
Wie es geht, siehst du auf den folgenden
beiden Seiten.

festeres Papier weiß oder farbig

Karton oder Block-Rückseite

Schere und
Kleine Pappe-Stücke

1 KLEISTER VORBEREITEN

Rühre etwas Kleister nach Packungsanweisung an und lass ihn kurz andicken.

2 DIE MALUNTERLAGE

Fixiere ein Papier mit Kreppband auf eine alte Block-Rückseite oder einen Karton. So wellt sich das Blatt nicht beim Trocknen.

3 EINKLEISTERN

Trage den Kleister großzügig mit einem Borstenpinsel über die gesamte Papierfläche auf.

Das Kinderkunsthaus in München-Schwabing ist eine offene, generationen-übergreifende Kreativwerkstatt, in der Kinder aller Altersstufen selbstbestimmt und ohne Leistungsdruck mit traditionellen und modernen Gestaltungstechniken aktiv werden können. www.kinderkunsthaus.de

Kreppband oder
anderes Klebeband

Acrylfarben

Kleister

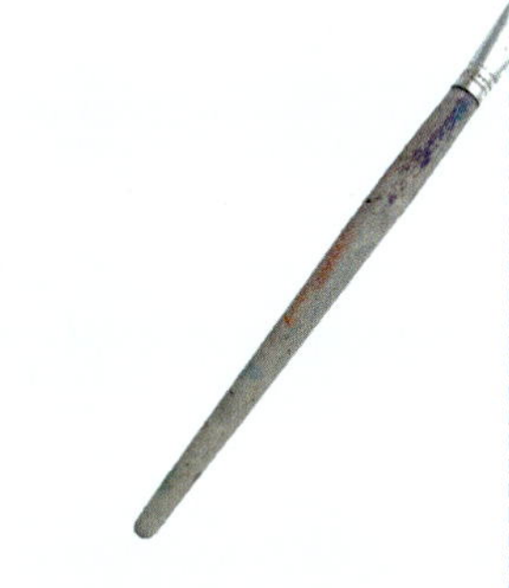

Pinsel

4 FARBE VERTEILEIN

Verteile nun nach Lust und Laune
flüssige Farbe auf den noch
nassen Kleister.

5 DIE RAKELN

Bereite verschieden große
Pappstücke als Rakeln vor.
Du kannst auch Zacken in die
Kanten schneiden.

6 KRATZ DEN KLEISTER

Leg los und kratze
mit den Rakeln großartige
Muster in deine Kleisterbilder.
Lass die Kunstwerke
noch festgeklebt,
bis sie vollständig
getrocknet sind.

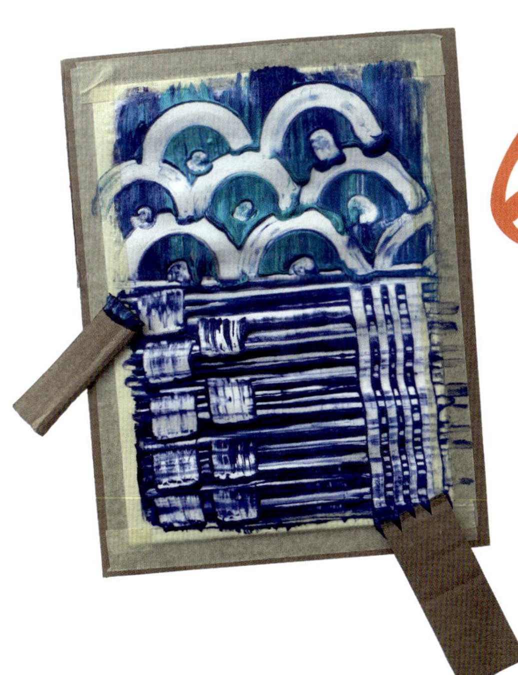

Geschichtenhunger?

Gecko 83 | *Wald*
Geschichten rund um Waldtiere,
Märchenhelden und Sachenammler

Gecko 82 | *Unterwelt*
Geschichten rund um unterirdische
Geheimnisse und den Frühling.

Gecko 79 | *Wetter*
Geschichten rund um Sonne,
Wind und Wetter

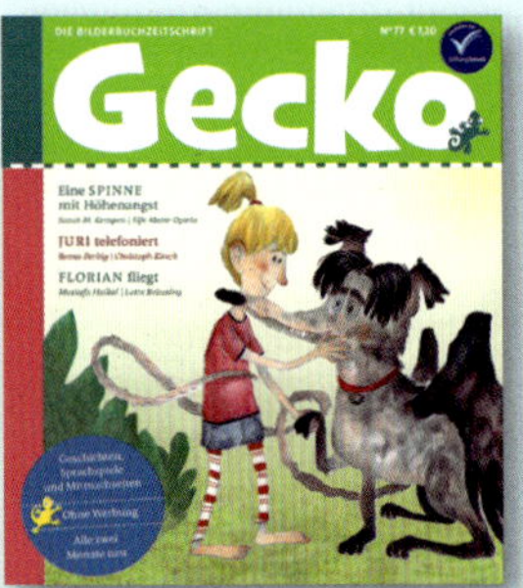

Gecko 77 | *Oben*
Geschichten rund ums Fliegen,
Klettern und Quatsch machen

Gecko 72 | *Zuhause*
Geschichten rund um Tierbehausungen
und Wohnungen

Gecko 71 | *Tiere*
Geschichten rund um Zootiere
und Fabelwesen

Gecko 66 | *Sport*
Geschichten rund ums Fußballspielen,
Weltreise und die WM der Tiere

Gecko 51 | *Winter*
Sportliche Hühner, einem verrücktes
Konzert und eine laute Party

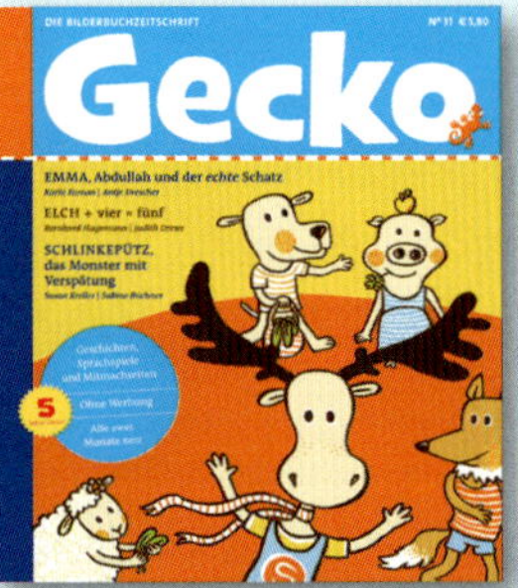

Gecko 31 | *Feste*
Ein Geburtstagsfest, eine Schatzsuche
und ein Monster mit Verspätung

Im Gecko-Onlineshop findest Du alle lieferbaren Gecko-Einzelhefte zum Nachbestellen!

www.shop.gecko-kinderzeitschrift.de

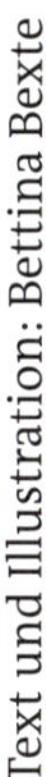

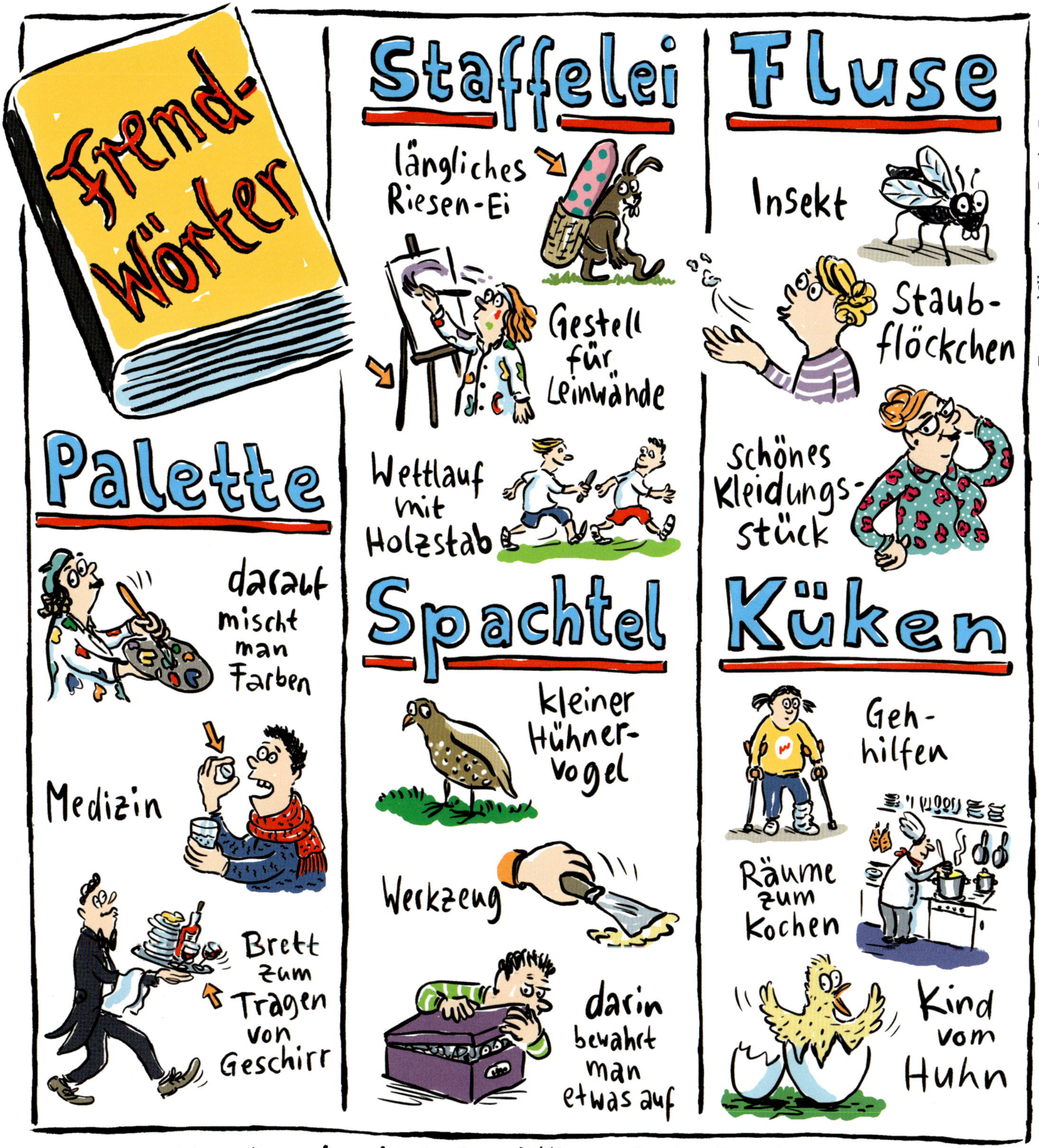
Fremd-Wörter
Staffelei
längliches Riesen-Ei
Gestell für Leinwände
Wettlauf mit Holzstab
Fluse
Insekt
Staub-flöckchen
Schönes Kleidungs-stück
Palette
darauf mischt man Farben
Medizin
Brett zum Tragen von Geschirr
Spachtel
kleiner Hühner-vogel
Werkzeug
darin bewahrt man etwas auf
Küken
Geh-hilfen
Räume zum Kochen
Kind vom Huhn

Nur einer der drei Vorschläge ist richtig. Welcher?

Text und Illustration: Bettina Bexte

Die Auflösung findest du auf Seite 50.

MACH MAL

g WIE gehen

Das ABC der Tunwörter

von Ina Hattenhauer

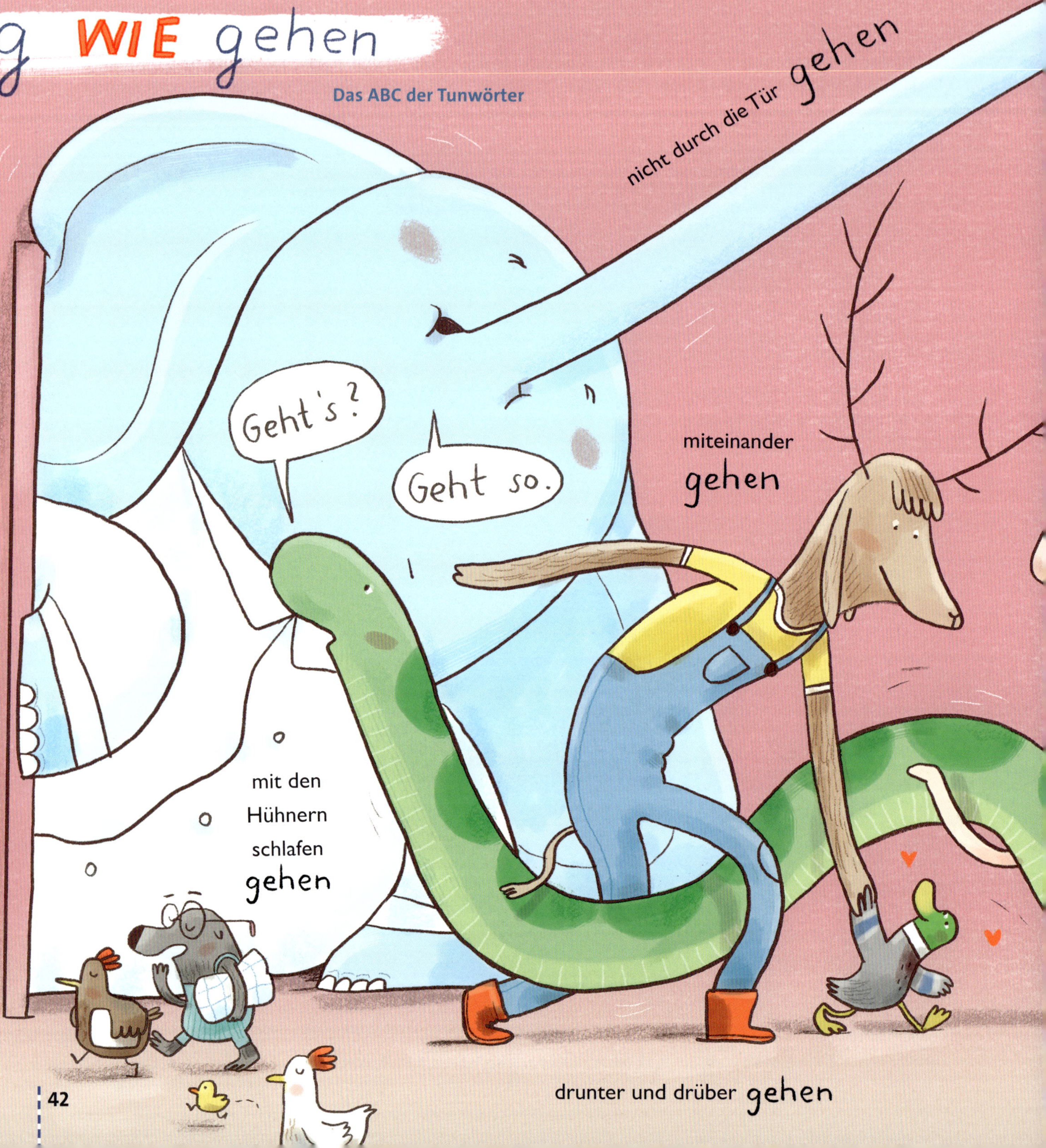

Viel zu tun! Kennst du noch mehr Verben, die mit g anfangen?

SCHROTT ZOO

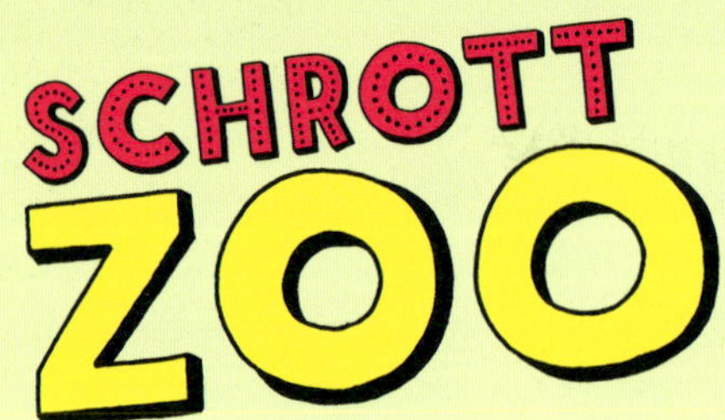

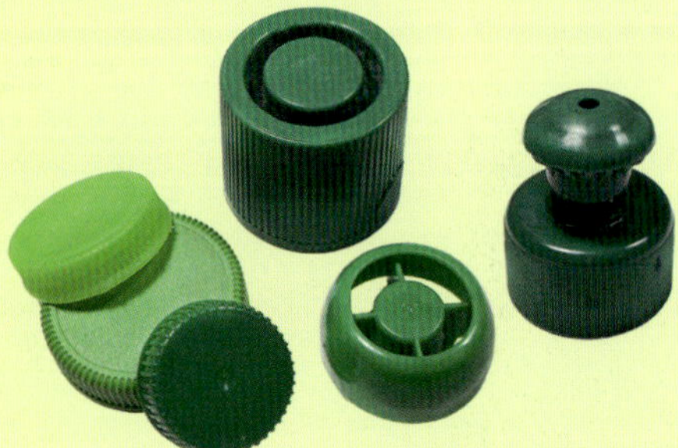

DIE GRÜNEN PLASTIKVERSCHLÜSSE

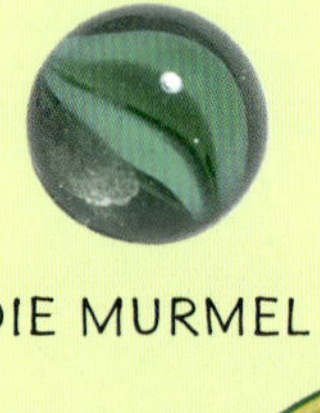

DIE MURMEL

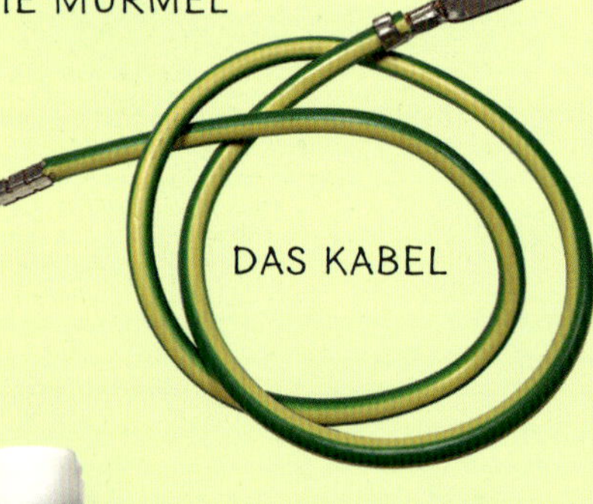

DAS KABEL

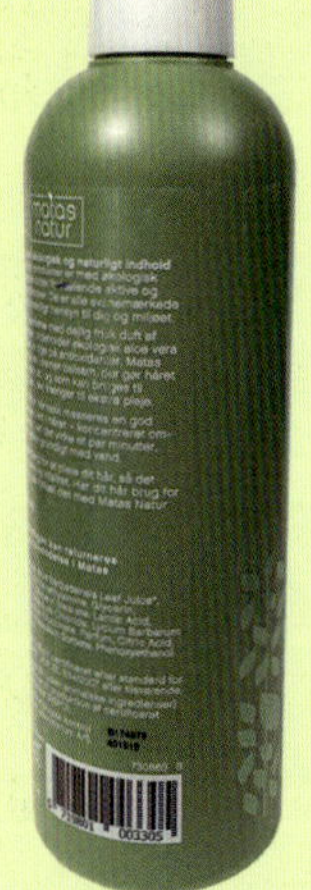

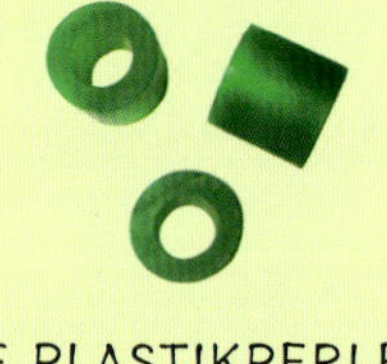

DIE PLASTIKPERLEN

DIE PLASTIKFLASCHE

Modelle und Foto: Annika Øyrabø

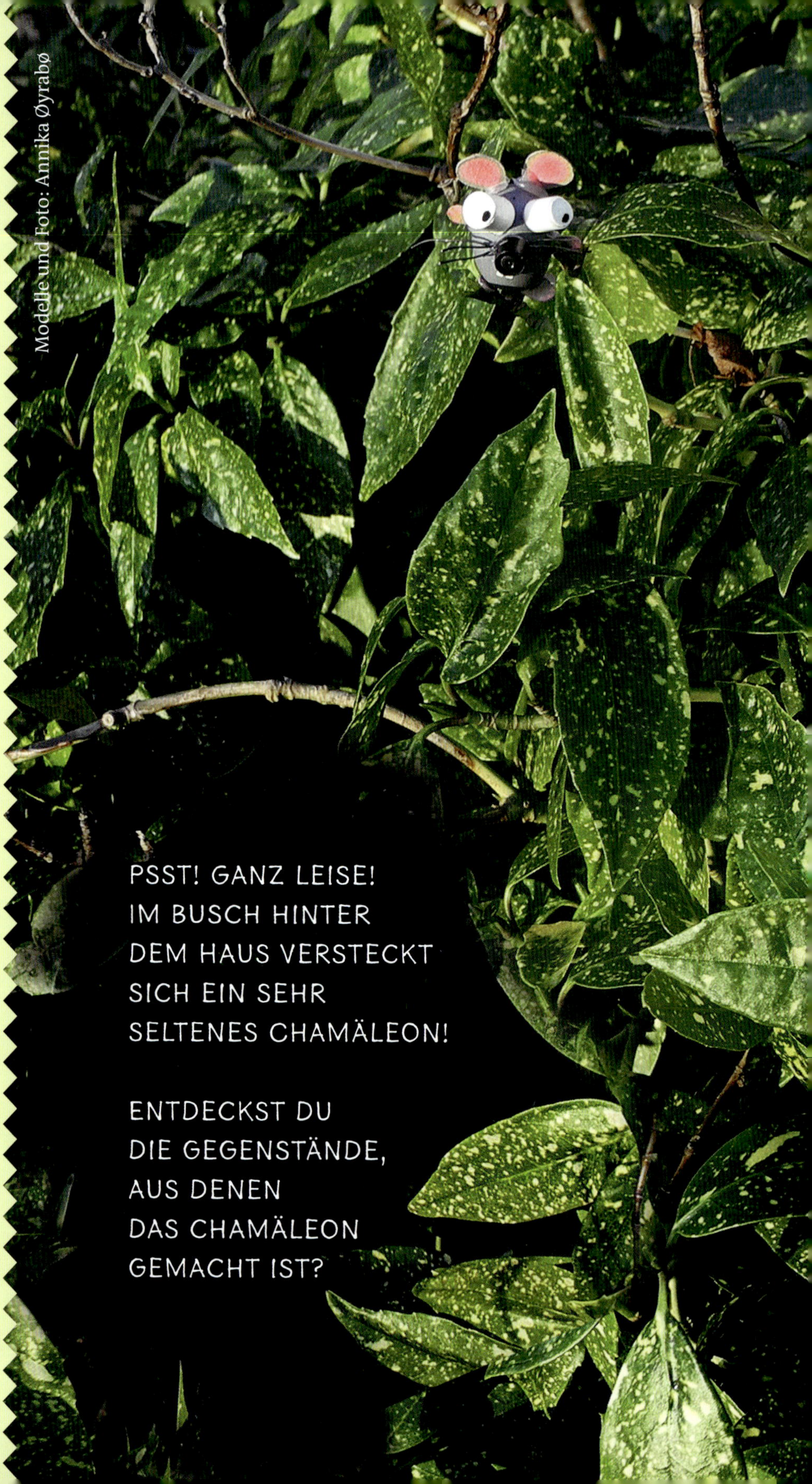

PSST! GANZ LEISE!
IM BUSCH HINTER
DEM HAUS VERSTECKT
SICH EIN SEHR
SELTENES CHAMÄLEON!

ENTDECKST DU
DIE GEGENSTÄNDE,
AUS DENEN
DAS CHAMÄLEON
GEMACHT IST?

Text und Illustration: Mascha Greune

Horst und Helga gibt es nur im Doppelpack. Sie sind beste Freunde! Auch wenn sie ständig aneinander vorbeireden. Denn auch Worte gibt es oft im Doppelpack: ein Wort, zwei Bedeutungen. **Welches Wort ist es diesmal?**

Text: Arne Rautenberg | Illustration: Jens Rassmus

pinselohrschwein

du malst ein bild
so gar nicht auf die schnelle
sondern mit geduld und mühe:
eine großbaustelle

kommt ein pinselohrschwein
und malt ganz gemein
mitten in dein bild mit rein
es malt ganz natürlich

mit klecks und mit spratz und mit bamm
mit erde mit dreck und viel schlamm
mein gott! denkst du
was das pinselohrschwein da tut

das erfüllt mich mit wut!
doch dann denkst du – hey!
das passt
wirklich gut!